사랑하는 _____ 님께

출간 25주년 기념
가난한 사랑노래

2013년 11월 31일 1판 1쇄 펴냄
2025년 07월 01일 1판 8쇄 펴냄

지은이	신경림
펴낸이·편집장	윤한룡
디자인	윤려하
관리·영업	이소연
홍보	고 우

펴낸곳	(주)실천문학
등록	10-1221호(1995.10.26.)
주소	경기도 남양주시 퇴계원로 52 405호
전화	322-2161~3
팩스	322-2166
홈페이지	www.silcheon.com

ⓒ 신경림, 1988
ISBN 978-89-392-0692-2 03810

이 책 내용의 전부 또는 일부를 재사용하려면
반드시 지은이와 실천문학사 양측의 동의를 받아야 합니다.

이 도서의 국립중앙도서관 출판시도서목록(CIP)은 e-CIP 홈페이지
(http://www.nl.go.kr/ecip)에서 이용하실 수 있습니다.
(CIP제어번호 : CIP2013000339)

신경림 시집

가난한 사랑노래

실천문학사

차례

제1부 너희 사랑

너희 사랑 __ 9

밤비 __ 11

언덕길을 오르며 __ 13

새벽달 __ 15

산동네에서 내려다보면 __ 17

산동네에 오는 눈 __ 18

바람 부는 날 __ 20

명매기 집 __ 22

진도 아리랑 __ 24

벽화 __ 26

햇불 __ 28

상암동의 쇠가락 __ 30

가난한 사랑노래 __ 32

망월 __ 34

따뜻한 남쪽나라 __ 35

산동네 덕담 __ 37

별의 노래 __ 39

길음시장 __ 40

중복 __ 41

산동네에 들어서면 __ 43

갈구렁달 __ 45

제2부 북한강행

북한강행 1__ 49

북한강행 2__ 50

북한강행 3__ 53

북한강행 4__ 55

강물을 보며__ 56

산에 대하여__ 59

두물머리__ 61

비 오는 날__ 63

월악산의 살구꽃__ 65

섬진강의 뱃사공__ 67

홍천강__ 68

江邑行__ 71

봄의 노래__ 73

제3부 추운 날

올해 겨울__ 77

강물이 되고 별이 되고 꽃이 되면서__ 79

시인의 집__ 82

새벽 안개__ 83

비바람 속에서__ 85

길__ 87

오월은 내게__ 89

새벽은 아우성 속에서만__ 91

추운 날__ 94

가자 새봄엔__ 95

팔월의 기도__ 97

우리가 지나온 길에__ 99

늙은 전공의 노래__ 101

우리는 너무 멀리까지 왔다__ 103

이제 겨우 먼동이 터오는데__ 105

나무여, 큰 나무여__ 107

새벽 종소리__ 111

새해가 되어도__ 114

날자, 더 높이 더 멀리__ 115

발문 | 유종호__ 120

초판 시인의 말__ 136

제1부

너희 사랑

너희 사랑
누이를 위하여

낡은 교회 담벼락에 쓰여진
자잘한 낙서에서 너희 사랑은 싹텄다
흙바람 맵찬 골목과 불기 없는
자취방을 오가며 너희 사랑은 자랐다
가난이 싫다고 이렇게 살고 싶지는 않다고
반 병의 소주와 한 마리 노가리를 놓고
망설이고 헤어지기 여러 번이었지만
뉘우치고 다짐하기 또 여러 밤이었지만
망설임과 헤매임 속에서 너희 사랑은
굳어졌다 새삶 찾아나서는
다짐 속에서 너희 사랑은 깊어졌다
돌팔매와 최루탄에 찬 마룻바닥과
푸른옷에 비틀대기도 했으나
소주집과 생맥주집을 오가며
다시 너희 사랑은 다져졌다
그리하여 이제 너희 사랑은
낡은 교회 담벼락에 쓰여진

낙서처럼 눈에 익은 너희 사랑은
단비가 되어 산동네를 적시는구나
훈풍이 되어 산동네를 누비는구나
골목길 오가며 싹튼 너희 사랑은
새삶 찾아나서는 다짐 속에서
깊어지고 다져진 너희 사랑은

밤비

산동네에 오는 비는
진양조 구성진 남도 육자배기라
골목골목 어두운 데만 찾아다니며
땅 잃고 쫓겨온 늙은이들
한숨으로 잦아들기도 하고
날품팔고 지쳐 누운 자식들
울분이 되어 되 맺히기도 한다
산동네에서 듣는 남도 육자배기는
느린 진양조 밤비 소리라
세월한테 자식 빼앗긴 아낙네
숨죽인 울음이 되어 떠돌기도 하고
그 자식들의 원혼이 되어
빈 나뭇가지에 전봇줄에
외로이 매달리기도 한다
산동네에 오는 밤비는
진양조 구성진 남도 육자배기는
방범등 불빛 얼비치는 골목길

땅바닥에 돌층계에 얼룩진 땀
우리들의 땀 그 땀 피가 되어
벌겋게 살아나게도 하고
슬레이트 지붕에 블록 담벽에 밴
우리들의 한숨 우리들의 울분
함성이 되어 온동네에 퍼지게도 한다

언덕길을 오르며

이 언덕길 따라 올라가면
백두산까지 가겠지.
머리에 하얀 눈 뒤집어쓰고
두 동강난 내 땅
눈물로 굽어보고 서 있는
백두산까지 가겠지.
더러운 것 온갖 먼지에 쓰레기
총이며 칼 따위까지도
몸 한번 크게 흔들어
털어버리고 싶어 몸살난
백두산까지 가겠지.
산자락에 호랑이며 곰도 기르고
바위 틈서리에 푸섶에
새며 벌레도 키우면서
잘린 허리 다시 아물 날
이빨 악물고 손꼽아보는,
턱 아래 산마을에서

멀리 제주 갯마을까지
보듬고 싶어
어루만지고 싶어
밤낮으로 눈물 마를 날 없는,
이 언덕길 따라 올라가면
그 백두산까지 가겠지.

새벽달

돌 깨는 소리 멎은 지 오래인
채석장 뒤 산동네 예배당엔
너무 높아서 하느님도 오지 않는 걸까
아이들과 함께 끌려간 전도사는
성탄절이 되어도 돌아오지 않고
블록 담벼락에 그려진
십자가만 찬바람에 선명하다
눈도 오지 않는 성탄절날 새벽
복받은 자들만의 찬송가 소리는
큰 동네에서 큰 교회에서
골목을 타고 뱀처럼 기어올라와
가난을 어리석음을 비웃고 놀리는데
새벽달은 예배당 안을 들여다보는구나
갈 곳 없어 시멘트 바닥에
서로 안고 누운 가난한 연인들을 깨우면서
저 찬송가 소리 산동네 덮기 전에
일어나라고 일어나라고

가만가만히 흔들어 깨우면서

산동네에서 내려다보면

산동네에서 내려다보면
장바닥은 큰 강물이다
어떤 물줄기는 작은 소리를 내고
어떤 물줄기는 큰 소리를 내고
어떤 줄기는 느릿느릿 또
어떤 줄기는 급하게
서로 치고 받으면서
밀고 밀리면서 끌고 당기면서
소곤대면서 아우성치면서
모이기도 했다가 흩어지기도 했다가
그러다가 하나가 되어
우렁찬 하나의 노래가 되어
도도히 흘러가는 큰 강물이다
싸움처럼 큰 강물이다

산동네에 오는 눈

하늘에서 제일 가까운 동네라서
눈도 제일 먼저 온다
깁고 꿰매고 때워 누더기가 된
골목과 누게막과 구멍가게 위에
눈은 쌓이고 또 쌓인다
때로는 슬레이트 지붕 밑을 기웃대고
비닐로 가린 창틀을 서성대며
남 볼세라 사랑놀음에 얼굴도 붉히지만
때와 땀에 찌든 얘기
피멍든 노래가 제 가슴 밑에서
먹구렁이처럼 꿈틀대는 것도 눈은 안다
이 나라의 온갖 잘난 것들 모여들어
서로 찢고 발기고
마침내 저네들 발붙이고 사는
땅덩이마저 넝마로 만든
장안의 휘황한 불빛을 비웃으면서
눈은 내리고 또 내린다

하늘에서 제일 가까운 동네라서
눈도 제일 오래 온다

바람 부는 날

산동네에 부는 바람에서는
멸치 국물 냄새가 난다
광산촌 외진 정거장 가까운 대포집
손 없는 술청
연탄 난로 위에 끓어넘는
틀국수 냄새가 난다
산동네에 부는 바람에서는
기차바퀴 소리가 들린다
갯비린내 싣고 소금밭을 지나는
주을이라 군자의 협궤차 소리가 들린다
황석어젓 이고 새벽장 보러 가는
아낙네들의 북도 사투리가 들린다
산동네에 부는 바람에서는
갈대밭이 보인다
암컷 수컷 어우러져 갈갬질하는
개개비가 보이고 물총새가 보인다
강가 깊드리에서 나래질하는

옛날의 내 동무들이 보인다
바람 부는 날이면 그래서
산동네 사람들은 꿈을 꾼다
버들고리에 체나 한 짐씩 덩그머니 지고
그 옛날의 무자리되어 길 떠나는 꿈을
가세가세 흥얼대며 길 떠나는 꿈을

명매기*집

옛고장 사람들은 우리들더러
도망질쳤다 종주먹질하고
이 고장 사람들은 또
숨어들어왔다 눈흘긴다
저쪽에선 되돌아오지 말라 침 배알고
이쪽에선 발 들여놓지 말라
금줄 쳐 막는다
달구지에 용달차에 화물차에 실려온
누더기랴 헌 짐짝 서덜에 풀어놓고
산비알에 까맣게 움막을 치니
그래도 좋아라 갈갬질치는 내 새끼들아
이게 간데없이 명매기 집이로구나
우리가 왜 모르겠느냐
너희 눈에 담긴 눈물이 머잖아
파랗게 불꽃으로 번득일 것을
활활 세상을 태우는
불꽃으로 타오를 것을

---

* 여름 한철 개울가 바위 벼랑에 집을 짓고 사는 명매기는 불길한 새라 해서 사람들이 동네 안에 들어오는 것을 꺼리는데, 그 눈에서 파란 빛이 일면 큰 재앙이 온다는 얘기가 있다.

진도 아리랑

국악원에 다니는 잘난 딸이
배불리 먹여준대서
서울로 올라온 지 오 년
소리 좋아하는 진도 과부는
어리굴젓 장수가 되었다
어리굴젓 사랑께 어리굴젓 사랑께
시골길 같은 산동네만 골라 다니며
만만한 단칸방집을 기웃대다가
때로는 비집고 들어가 앉아
진도 아리랑 한 대목을 뽑는데
세월은 구부야구부야
문경 새재만큼이나 험하고
세상은 왔다나 갈 길 한도 스럽지만
우리끼리 퍼지르고 앉으면 삶은 편하고
더러는 훈훈하기도 해서
새우젓 사랑께 새우젓 사랑께
시골 사람 모여 사는 산동네만 다니며

어리굴젓 새우젓도 팔고

진도 아리랑도 부른다

벽화

그들은 우리 쪽에 서 있다
우리와 함께 분노하고
발구르며 노래하고
저들을 향해 함께 돌팔매질도 한다

그러나 그들이 돌아가는 곳은
우리네의 산동네가 아니다
산비알에 위태롭게 붙은 누게집이 아니다

그들을 기다리는 것은
찌그러진 알루미늄 밥상 위의
퉁퉁 불은 라면과 노랑물든 단무지가 아니다
병든 아내와 집 나간 딸애의 편지가 아니다

온갖 안락과 행복이 김처럼 서린 식탁에서
그들은 우리를 위해 기도하고
우리들의 불행과 가난을 탄식하지만

포도주 향기 그윽한 벽난로 위에

우리의 찌든 삶은
한 폭 벽화가 되어 걸린다
그들의 아들딸이 박힌 외국의 풍경 옆에
초라한 한 폭 벽화가 되어 걸린다

그들은 우리 쪽에 서 있지만
함께 분노하고 발구르며 노래하지만
함께 노래하며 돌팔매질하지만

횃불

산동네에 깔린 원혼의 노래

죽은 자가 산자의 목을 잡고

발목을 잡고

어깨에 매달려 등에 업혀

일년이라 열두 달

편할 날 없다 나무라는구나

우리들이

구지레한 산동네 떠나지 못함은

갯마을에서 외진 산골마을에서

앞서거니 뒤서거니 화물차에 실려온

이 산동네 떠나지 못함은

원통한 죽음 빚받기 위해서가 아니라

천년이 백년이 하루 같은

너희 사는 꼴 안타까워서이니

깨어진 장독대에서

덜컹대는 삽작에서

우리들 훨훨 털고 일어나

구만리라 머나먼 구천길

편히 가게 하려거든
허구한 날 굿거리 세마치로 뛰질 말고
밝고 빛나는 횃불을 들라
삶과 죽음이 뒤엉킨 산동네에서
죽음을 몰아내고
죽음을 부르는 자들을 몰아내고
골목골목 구석구석 환하게 비치면서
오직 대낮 같은 삶만이 남게 하는
밝고 빛나는 횃불을 들라

상암동의 쇠가락

동이 트기 전에 상암동 산동네 사람들은
타이탄 트럭에 짐짝처럼 실려
소삿벌 비닐 채마밭으로 들일을 나간다

소주 한 주발에
묽은 된장국으로 시작되는 들일은
시골살이보다 오히려 고달퍼서
때로 뽑힌 명아주 뿌리로
눈에 핏발들이 서지만

다시 타이탄 트럭에 짐짝으로 쟁여
돌아오는 상암동 산동네는
고향만큼이나 정겨운 곳
낯익은 악다구니에 귀에 밴 싸움질들

좌도 상쇠 우도 끝쇠
느린 길굿가락으로 이내 손이 맞아

호서 버꾸잡이까지 어우러져
덩더꿍이 가락에 한바탕 자지러진다

보라 판이 끝난 뒤에도 그 쇳가락
저희들끼리 낄낄대며 골목을 오르내리다
잠든 산동네 사람들
고단한 꿈속엘 숨어들어가
붉고 고운 열매로 맺히는 것을
소샛벌 비닐 채마밭에까지도 뿌려질
질기고 단단한 열매로 맺히는 것을

새벽이면 상암동 산동네 사람들은
그 열매를 하나씩 속에 안고
소샛벌 비닐 채마밭으로 들일을 나가고

가난한 사랑노래
이웃의 한 젊은이를 위하여

가난하다고 해서 외로움을 모르겠는가
너와 헤어져 돌아오는
눈 쌓인 골목길에 새파랗게 달빛이 쏟아지는데.
가난하다고 해서 두려움이 없겠는가
두 점을 치는 소리
방범대원의 호각소리 메밀묵 사려 소리에
눈을 뜨면 멀리 육중한 기계 굴러가는 소리.
가난하다고 해서 그리움을 버렸겠는가
어머님 보고 싶소 수없이 뇌어보지만
집 뒤 감나무에 까치밥으로 하나 남았을
새빨간 감 바람소리도 그려보지만.
가난하다고 해서 사랑을 모르겠는가
내 볼에 와 닿던 네 입술의 뜨거움
사랑한다고 사랑한다고 속삭이던 네 숨결
돌아서는 내 등뒤에 터지던 네 울음.
가난하다고 해서 왜 모르겠는가
가난하기 때문에 이것들을

이 모든 것들을 버려야 한다는 것을.

망월

이름은 그럴 듯해서 미니 슈퍼마켓
라면봉지와 화장지가 쌓인
진열대 위에는 먼지가 뽀얗다.
돈궤에서 천 원짜리 두어 장 들고 나가면
사내 저물도록 소식이 없고
아낙은 대낮부터 고스톱판을 벌인다.
가게 앞 빈터에는 진종일 손님 대신
싸구려 외치는 어물차에 잡화차
그래도 정월이래서 돌산에서는
마당굿 쇠가락소리 흥겹구나.
어두워져 아낙 판 치우고 나가보면
그때서야 언덕길 비틀대는 내 사내
한숨 같은 울음 같은 어깨 위로
쟁반 같은 놋쟁반 같은 달이 뜬다.
싸움질 사랑질로 얼룩진 산동네를
놀리면서 비웃으면서 대보름달이 뜬다.

따뜻한 남쪽나라

더 빼앗길 것이 없는 이들에게는
모든 것이 다 보인다
저들 너그러운 웃음 뒤에 숨은
더러운 음모가 보이고
부드러운 손길 그 소매 속에
감추어 든 비수가 보인다
더 쫓겨갈 곳이 없는 이들에게는
모든 것이 다 들린다
인자한 말씀 그 끝에
이빨 가는 소리가 들리고
잇속 따져 저희들끼리 주고받는
갈라진 귓속말이 들린다
그리하여 그들은
더 빼앗길 것도 쫓겨갈 곳도 없어
산동네에 모여 사는 이들은
모든 것을 다 배우지만
거짓 웃음을 거짓 몸짓을 배우고

바위너설에 위태롭게

붙어 사는 방법을 배우지만

아무도 말하지 않는다

이곳이 따뜻한 남쪽나라가 아님을

우리들 가슴 맞비비고 살

따뜻한 남쪽나라가 아님을

우리가 안다고는

산동네 덕담

산동네 새댁은 웃음이 헤퍼서
건어물 장수 차만 들어와도
빨간 맨발에 끌신을 끌고 나가
이것저것 집어보고 맛도 보고
농짓거리도 주고받으며 시시덕대지만.
산동네 새댁은 눈물도 흔해서
한고향 어리굴젓 장수 아줌마한테
어리굴젓 한탕끼 들여놓고
거치른 손이 꼭 친정엄마 같대서
한숨도 내쉬고 찔끔대기도 하지만.
산동네 새댁은 억척도스러워
취해 돌아온 닭이장이 사내
밤새 닥달해서 동네 아낙네들
구멍가게 앞에 몰려서게도 하지만.
그 웃음이 그 눈물이
서러운 달빛 되어 달콤한 안개 되어
자욱하게 산동네를 덮고 있음을,

그 억척 채찍 되고 불길이 되어
사람들 한밤중에도 깨어
눈 부릅뜨게 함을 누가 모르겠는가.

별의 노래

이곳은 세상에서 제일 높은 곳
쫓기고 떠밀려 더 갈 데가 없어
바위너설에 까치집 같은 누게막을 쳤다
진종일 벌이 찾아 장거리 헤매다가
밤이면 기어올라오지만 그래도 되놀이*로
남도 북도 서로 동무삼아
깊고 깊은 어둠 속에 불을 켠다
그 불 찬란한 별자리를 이루며
온 장안에 밝고 환한 빛을 내뿜다가
마침내 만 사람의 가슴에 가서
작은 별들이 되어 박힌다

---

* 되놀이 : 몇 되박씩 낟알을 모아 떡 따위를 해먹으며, 온동네 사람들이 한집에 모여 노래며 춤으로 즐기는 일.

길음시장

여기는 서울이 아니다
팔도 각 고장에서 못살고 쫓겨온
뜨내기들이 모여들어 좌판을 벌인 장거리
예삿날인데도 건어물전 앞에서는 한낮에
윷이냐 살이냐 윷놀이판이 벌어지고
경로당 마당에서는 삼채굿가락의
좌도 농악이 흥을 돋군다
생선장수 아낙네들은 덩달아 두레삼도 삼고
늙은 씨름꾼은 꽃나부춤에 신명을 푸는데
텔레비전에서 연속극이라도 시작되면
일 나간 아낙들이 돌아올 시간이라면서
미지기로 놀던 상쇠도 중쇠도 빠지고
싸구려 소리가 높아지면서
길음시장은 비로소 서울이 된다

중복

다리를 저는 이발사는
바닷가 작은 동네
화통방앗집 아들이었다는 것이 자랑이다
세 파수째 궂으면서도
비는 오는 듯 멎는 듯 먼지잼으로나 선뵈고
젖은 수건 냄새로만 골목을 채운다

새참만 겨우면 이발소에는
일 없는 동네 사람들이 모여들어
방앗간 달개방에서처럼
술추렴을 하고
라면도 끓이고 고스톱도 치고

구질구질한 고향 타령이 싫대서
한 나달 집에 들어오지 않는 딸애는
오늘도 또 전화뿐이라고
다리를 저는 이발사는 풀이 죽었다

이제 남의 얘기가 돼버린 농사걱정에
짐즛 맥이 빠지다가도
고향까지 고속도로가 뚫린다는 새 소문에
새삼 신바람들이 나는 중복

내후년엔 봉고차 빌려 타고 가자꾸나
고향 학교 운동장에서 한바탕 치자꾸나
그래서 술추렴이 길어지고
다시 먼지잼이 지나갈 때쯤이면
안개비 속에서인 듯 도새 속에서인 듯
통통통 화통방아 소리도 들리고
어허라 달구야 멀리서 달구질 소리도 들린다

산동네에 들어서면

불 꺼진 산동네에 들어서면
자욱눈에 박히는 발자국이 외롭다
모두들 어데 갔을까 대포집을 기웃거려도
생맥주집을 들여다보아도
낯익은 얼굴들은 보이지 않고
돌아서는 등덜미에 낯선이들
비웃음소리 조롱소리만이 따갑다
이제 겨우 강 하나 건넜다고
손 잡고 건널 강 넘을 산 중중첩첩이라고
다짐하던 친구들 모두 어데 갔을까
먼 차 소리 기계 소리 속에
총칼 벼리는 소리 더욱 또렷한데
창을 두드려도 문을 흔들어도
아무도 나와보지 않는 산동네에 들어서면
전선줄에 걸린 그믐달이 외롭다
지금은 헤어질 때가 아니라고
갈갈이 찢어질 때가 아니라고

백 번을 천 번을 맹세하던 친구들
모두들 어데 가서 보이지 않는 걸까
이제 겨우 길 초입이 보인다고
저 길 다할 때까지 함께 가자고
굳게 손 잡았던 친구들 어깨 꼈던 친구들
모두들 어데 가서 보이지 않는 걸까
너덜대는 벽보 위에 가난한 이들의 두려움 위에
고달픈 이들의 뒤채는 잠속에 꿈속에
방범대원의 호루라기 소리로
쫓겨갔던 원수들의 협박과 공갈 되살아나는데
발을 굴러도 아우성쳐도
아무도 깨어 일어나지 않는 산동네에 들어서면
옷깃에 달라붙는 눈바람이 외롭다

갈구렁달*

지금쯤 물거리 한 짐 해놓고
냇가에 앉아 저녁놀을 바라볼 시간……
시골에서 내몰리고 서울에서도 떠밀려
벌판에 버려진 사람들에겐 옛날밖에 없다
지금쯤 아이들 신작로에 몰려
갈갬질치며 고추잠자리 잡을 시간……

아무도 들어주지 않는 목소리로 외쳐대고
아무도 보아주지 않는 몸짓으로 발버둥치다
지친 다리 끄는 오르막에서 바라보면
너덜대는 지붕 위에 갈구렁달이 걸렸구나
시들고 찌든 우리들의 얼굴이 걸렸구나

---

* 황해도, 충청도 바닷가에서는 쪽박같이 쪼그라든 달을 갈구렁달이라고 말한다.

제2부

북한강행

북한강행 1
민통선을 드나드는 만신의 얘기

금강산 만폭동

칡덮이라는 그 골짜기에서 내려온 물은

바위너설 산벼랑 돌틈을 신나게 달리다가

휴전선에 와서는 제자리걸음을 더 많이 하면서

녹슨 쇠붙이와 안 터진 채 잠든 폭탄 사이를

몸을 사리면서 비집고 지난다

그러다가 민통선 남쪽 비수구미*라는 물꼬리에 와서는

화천댐에 막혀 흐르지 못하고 있는

탁한 남쪽 물들과 어울려 너나들이하면서

물속에 흩어진 뼈와 해골들 사이에서

은빛 춤들을 춘다

눈 부릅뜨려무나 두 눈 부릅뜨려무나

새파랗게 날선 칼 입에 물고 두 눈 부릅뜨려무나

물속에 흩어진 뼈와 해골들의 노래 만수받이로 받으면서

원통한 넋들 사이에서 은빛 춤을 춘다

---

* 비수구미 : 飛水口尾

북한강행 2

민통선을 드나들며 농사짓는 아낙네의 얘기

1

고향은 여기서도 백 리
추가령 밑 산동네에는
가으내 도깨비들의 장난질이 심했지
달걀도깨비들은 봉당에서 부엌에서
떼굴떼굴 굴러다니며 깔깔대고
빗자루 도깨비들은
풋바심이 끝난 큰 마당에서
밤새껏 씨름들을 한다고 쿵쿵댔지

수수부꾸미를 지져먹은 밤이면
으레 새벽에 배탈이 났단다
할머니를 깨워 건조실 앞에서
뒤를 볼라치면
달그림자 퍼렇게 산비알을 덮더구나
달빛 아래서 대싸리비가

우쭐우쭐 춤을 추더구나

2

내 땅 내 드나드는 데도
목에 개패 같은 출입증을 달고
이 눈치 저 눈치에 내 걸음
어느새 비루먹은 개걸음이 되었다
한 발만 내딛으면 지뢰밭
낙가래질에도 걸리느니
오라버니들 아우들의
아직도 썩지 못한 팔다리
총알이 박힌 머리통

그래도 이곳 못 떠나고
부끄러운 쇠붙이들 사이에

내 조심조심 모를 꽂는 것은
통일되는 그날 남 먼저 달려올라가
방앗간 한구석에 세워 두었던
빗자루를 보기 위함이니
밤이면 도깨비로 변한다던 그
대싸리비를 보기 위함이니

북한강행 3
민통선 안의 원혼의 얘기

왜 날 억지로 일으켜 세우는가
팔다리 잘려나간 험한 몸통으로
원수 앞에서 뒤뚱걸음치게 하는가
용서하라고 모든 걸 용서하라고 하는가
목에 들여댄 칼 앞에서 웃으라는가

강바람 산바람 매운 줄 너는 모른다
온갖 새울음 짐승울음 서러운 줄 너는 모른다
욕지거리 발길질 아픈 줄도 너는 모른다
서른 해 그 긴 죽음 지겨운 줄 너는 모른다

왜 그 모든 걸 다 잊으라는가
인연 없는 낯선이의 팔에 매달려
우쭐우쭐 허재비춤*을 추게 하는가
원수들의 큰 웃음소리 속에서
원통한 날 왜 두 번 죽게 하는가

내 누웠던 강가로 되보내다오
그 차디찬 흙 속으로 되보내다오
밤마다 팔다리 없는 몸통 흙 털고 일어나
천리 만리 원수 찾아 날아가리니
원수의 칼날 앞에서 억지로 웃는 내 입에
날 선 낫 한 자루 물린 걸 너는 모른다

---

* 허재비춤은 젊은 원혼을 짝지워줄 때 하는 허재비굿 속의 춤의 하나이다.

북한강행 4

파로호에서

배터에서 첫배는 아홉시에 뜬다
북쪽 내 나라 산이 멀리 보이는
북한강 끝마을 비수구미는
여기서도 팔십 리
동짓달 초순께 호수는 이미 겨울이어서

밥집 뜨듯한 안방에는
우리보다 먼저 스님 셋이 들어
아침상을 기다리고 있다

고방 마루에는
아직 숨이 끊어지지 않은 가물치들이
허옇게 배때기를 드러낸 채 헐떡이고
물에 빠져죽은 병정들의 요란스런 휘파람 소리로
산밑을 도는 통통배가
창에 붙인 손바닥만한 유리로 내다보인다

강물을 보며

어떤 물살은 빠르고
어떤 물살은 느리다
또 어떤 물살은 크고
어떤 물살은 작다
어떤 물살은 더 차고
어떤 물살은 덜 차다
어떤 물줄기는 바닥으로만 흐르고
어떤 물줄기는 위로만 흐른다
또 어떤 물줄기는 한복판으로만 흐르는데
어떤 물줄기는 조심조심
갓만 찾아 흐른다

뒷것이 앞것을 지르기도 하고
앞것이 우정 뒤로 처지기도 한다
소리내어 다투기도 하고
어깨와 허리를 치고 때리면서
깔깔대고 웃기도 한다

서로 살과 피 속으로 파고들어가
뒤엉켜 하나가 되기도 하고
다시 갈라져 따로따로 제 길을 가기도 한다
때로 산골짝을 흘러온 맑은 냇물을 받아
스스로 큰물이 되기도 하고
사람들 사이를 헤집고 온 더러운 물을
동무로 받아들이기도 한다
다리 밑도 지나고 쇠전 싸전도 지난다
산과 들판을 지나고
바위와 돌틈을 어렵사리 돌기도 한다
그러면서 모두 바다로 간다

사람이 사는 일도 이와 같으니
강물을 보면 안다
온갖 목소리 온갖 이야기 온갖 노래
온갖 생각 온갖 다툼 온갖 옳고 그름
우리들의 온갖 삶 온갖 갈등

모두 끌어안고 바다로 가는

깊고 넓은 크고 긴 강물을 보면 안다

산에 대하여

산이라 해서 다 크고 높은 것은 아니다
다 험하고 가파른 것은 아니다
어떤 산은 크고 높은 산 아래
시시덕거리고 웃으며 나지막히 엎드려 있고
또 어떤 산은 험하고 가파른 산자락에서
슬그머니 빠져 동네까지 내려와
부러운 듯 사람 사는 꼴을 구경하고 섰다
그리고는 높은 산을 오르는 사람들에게
순하디순한 길이 되어 주기도 하고
남의 눈을 꺼리는 젊은 쌍에게 짐짓
따뜻한 사랑의 숨을 자리가 되어 주기도 한다
그래서 낮은 산은 내 이웃이던
간난이네 안방 왕골자리처럼 때에 절고
그 누더기 이불처럼 지린내가 배지만
눈개비나무 찰피나무며 모싯대 개쑥에 덮여
곤줄박이 개개비 휘파람새 노랫소리를
듣는 기쁨은 낮은 산만이 안다

사람들이 서로 미워서 잡아죽일 듯

이빨을 갈고 손톱을 세우다가도

칡넝쿨처럼 머루넝쿨처럼 감기고 어우러지는

사람 사는 재미는 낮은 산만이 안다

사람이 다 크고 잘난 것만이 아니듯

다 외치며 우뚝 서 있는 것이 아니듯

산이라 해서 모두 크고 높은 것은 아니다

모두 흰 구름을 겨드랑이에 끼고

어깨로 바람 맞받아치며 사는 것은 아니다

두물머리

두물머리에서 만난 북한강과 남한강이 주고받는 노래

"조심조심 지뢰 사이를 지났지
긁히고 찢기면서 철조망도 넘었지
못다 운 넋들의 울음소리도 들었지
하얀 해골 덜 삭은 뼈에 대고
울면서 울면서 입맞춤도 하였지"

"내 몸에 밴 것은 눈물뿐이라네
쫓겨난 농투산이들 한숨뿐이라네
눈비 바람은 갈수록 맵차고
온 벌에 안개 더욱 짙어가지만
나는 보았네 땅 뚫고 솟는 빛살을
노래처럼 힘차고 굵은 빛살을"

"얼싸안아보자꾸나 어루만져보자꾸나
너는 북에서 나는 남에서
온갖 서러운 일 기막힌 짓 못된 꼴
다 겪으면서 예까지 흘러오지 않았느냐

내 살에 네 피를 섞고

네 뼈에 내 입김 불어넣으면

그 온갖 것 모두 빛이 되리니

춤추자꾸나 아침 햇살에 몸 빛내면서"

비 오는 날

산비알에는 군데군데 달맞이꽃
골짜기로 골짜기로
종일 버스를 타고 들어가니
방곡이라는 사기말이다

동네 복판을 흐르는 개울물이 넘어
그릇 굽는 사기말 앞이 물바단데
등이 굽은 사기장이 뜨거운 라면 국물로
목을 녹이는 땅거미때

비닐 우산만으로는 빗발을 못 막아
머리칼과 배낭진 어깨가 온통 젖은 처녀 둘이
가겟방 앞에 맨발로 서서
돌아가는 버스를 기다린다

빗발은 기쁨처럼 행복처럼
강물을 따라 사라지고

다시 슬픔처럼 온갖 재앙처럼

은사시나무 숲을 덮으며 몰려오고

월악산의 살구꽃

월악산에서 죽었다는 아들의
옷가지라도 신발짝이라도 찾겠다고
삼십 년을 하루같이 산을 헤매던 아낙네는
말강구네 사랑방 실퇴에 앉아 죽었다 한다

한나절 거적대기에 덮여
살구꽃 꽃벼락을 맞기도 하고
촉촉히 이슬비에 젖기도 하던 것을

여우볕이 딸깍 난 저녁 나절
장정 둘이 가루지기로 메어다가
곳집 뒤
바위너설 아래 묻었다

찾아다오 찾아다오 내 아들 찾아다오
너희들이 빨갱이라고 때려죽인
내 아들 찾아다오

이슬비 멎어 여우볕

딸깍 난 저녁 나절이면 아낙네는 운다

살구꽃잎 온몸에 뒤집어쓴 채

머리칼 홑적삼이 이슬비에 젖은 채

섬진강의 뱃사공

늙은 사공은
몸속에 파편을 여덟 개나 지닌 상이용사다
줄을 당겨 끄는 나룻배로
하루에도 전라도 경상도 오가기 쉰 번 예순 번
스스로 본적을 섬진강으로 삼았다
날이 궂으면 파편 박힌 팔다리가 욱신거려
뜨뜻한 아랫목에 배를 지지며 엎드렸고
아내가 대신 나가
배를 끌고 은어를 잡는다
아들딸이 모두 여수와 하동으로 돈벌이 가고
늙은 내외만이 호젓이 지키고 있는
높다랗게 강언덕에 달라붙은 누게막
은어회에 소주로 취하면
사공은 문 열고 강에 대고 소리친다
내 고향은 전라도도 경상도도 아니여
내 고향은 섬진강이랑께

홍천강

뒷짐을 지고 서양개처럼 뛰면서 받아먹어야
초콜릿과 비스킷을 던져주는 조지나 톰보다도
레이션 한 상자를 훔치고서 짚차뒤에 쇠줄로 묶여
엎어지고 자빠지면서 연병장을 도는 못난 어른들이 나는 미웠다
그해 겨울엔 유난히 눈이 많이 와
내가 베네트라는 백인장교의 양말을 빨고 구두를 닦고
야전침대에서 발치잠을 자다가
멀리서 들리는 야포소리에 잠이 깨어
천막 밖으로 얼굴을 내밀어보면
눈발이 모래알을 몰아다가 얼굴을 때렸다
나는 담배 한 가치에 드로프스 한 알에 누런 이를 드러내고 웃는
동네 할아버지들이 꿈속에서도 미웠다
달밤이면 승냥이가 우는 소리에 섞여
중공군이 분다는 호적소리도 들리는데
기계충 오른 아이들만을 모아 사진을 찍고

통조림 깡통을 강물에 던져
허기진 아이들을 허겁지겁 살어름 언 물속에 뛰어들게 하는 그
백인장교는 한국을 사랑한다고 했다
한밤에도 그는 금발의 딸사진을 꺼내보며 훌쩍대고
나는 머지않아 양키 대신 오랑캐의
양말을 빨고 구두를 닦게 될지도 모른다는
부질없는 걱정에 잠 설치는 밤이 많았다
잔치구경을 가는 날은 장난으로 총질을 해서 손님을 쫓고
심심풀이로 암소를 쏘아죽이는 흑인병사보다
말끝마다 이들을 은인이라 두둔하고
술대접에 허리가 굽는 동네 어른들이 나는 미웠다
유난히 밤이 춥고 무서워 한밤중에
꺾어진 미루나뭇가지가 천막을 후려치고
얼음이 죽은 병사들의 웃음소리를 내며 갈라지는
홍천강이 그해 겨울 내게 가르친 것은 미움뿐이었다
전쟁으로 잿더미가 된 읍내를 어슬렁거리며

삽작을 밀어보기도 하고 거적대기를 들춰보기도 하는

　지아이보다도 읍내 처녀애들이 더 미워

　영어마디나 배우겠다고 따라다니는 여학생들이 더 미워

　좀체 잠이 안 오는 그런 달밤이면 등너머에서는 승냥이가 울고

　눈위로 미끄러지며 호적소리가 들리고 머지않아 이 고장에도

　중공군이 온대서 홍천강은 겨우내 뒤숭숭했다

江邑行

笠浦에서

나룻배가 없어진 나루
강벌에 버려진 빈 고깃배에서는
조무래기들만이 장난질을 치고 있다
올해에는 철새도 날아오지 않고
빈 장거리에서는
한판 광대놀이로 지나간 현수막과 포스터를
진종일 강바람이 몰고 다닌다
사람을 모으고 마을을 잇던 강이
이제는 갈라놓고 찢어놓는 줄기가 되어
끼줄도 함께하고 당굿도 함께하던
강건너 마을은 육로로 돌아 백 리 타곳된 지 오래
강을 오르내리며 물고기를 팔던
늙은 아낙네는 그 강건너가 친정이라며
어업조합이 폐물창고가 된
강언덕에 서서 대낮에 강물이 우는 소리를 듣는다
온갖 쓰레기와 폐수를 끌어안고
스스로 가르고 찢는 아픔에 몸살 앓으며

사람한테 버림받은 강물이
울며 흘러가는 소리를 듣는다

봄의 노래

하늘의 달과 별은
소리내어 노래하지 않는다
들판에 시새워 피는 꽃들은
말을 가지고 말하지 않는다
서로 사랑한다고는

하지만 우리는 듣는다
달과 별의 아름다운 노래를
꽃들의 숨가쁜 속삭임을
귀보다 더 높은 것을 가지고
귀보다 더 깊은 것을 가지고

네 가슴에 이는 뽀얀
안개를 본다 하얗게 부서지는
파도 소리를 듣는다
눈보다 더 밝은 것을 가지고
가슴보다 더 큰 아픔을 가지고

제 3 부

추운 날

올해 겨울

저 환호 소리 아우성 소리가
우리를 귀머거리로 만들고 당달봉사로 만들고
저 발구르는 소리 손뼉치는 소리가
우리 길 헷갈리게 하고 머뭇거리게 하고
길동무 뿔뿔이 헤어지게 만들고.
그 사이 원수들은
쥐새끼처럼 살쾡이처럼 도망쳤던 원수들은
번뜩이는 총칼 새로 벼려 든 채
큰길에서 신바람나게 망나니 춤추는데.
우리는 서로 손톱을 세워
동무들의 얼굴에 깊은 상처를 내고
돌아서는 야윈 어깨에 칼을 꽂고
원수들의 날라리 장단에
병신춤을 추는구나.
십 년 이십 년 삼십 년을 달려온 걸음
추위와 굶주림에 떨면서 협박과
꼬임에 뒤뚱대면서 절뚝이면서

쓰러지면서 엎어지면서 달려온 걸음
그 어려운 걸음 되돌려진다는 걸 모르면서.

올해 겨울은 춥구나,
따슷한 겨울이라서 더욱 춥구나,
무학여고 가까운 소줏집에 앉아
광장을 덮은 깃발을 거리를 메운 노래를
텔레비전으로 보면서
혼자서 술을 마시는 저녁은.
아카시아 꽃냄새가 깔리던
삼십 년 전의 그 봄보다도 더욱 춥구나.
한강 백사장으로 가는 대신 학교 운동장에 앉아
외로운 사람의 목 쉰 얘기를 듣던
그 봄보다도 더욱 춥구나.

───────────

* 1956년 5월 제3대 대통령 선거 때 해공이 30만의 대군중을 놓고 한강 백사장에서 선거유세를 벌이던 날 죽산은 무학여고에서 300명을 놓고 외로운 유세를 했다.

강물이 되고 별이 되고 꽃이 되면서

강물이 어찌 오손도손 흐르기만 하랴
큰물이 작은 물을 이끌고
들판과 골짜기를 사이좋게 흐르기만 하랴
어떤 땐 서로 치고 받고
또 어떤 땐 작은 물이 큰물을 덮치면서
밀면서 밀리면서 쫓으면서 쫓기면서 때리고 맞으면서
시계전도 지나고 다리밑도 지나는
강물이 어찌 말없이 흐르기만 하랴

별들이 어찌 늘 조용히 빛나기만 하랴
작은 별들과 큰 별들이 서로 손잡고
웃고 있기만 하랴
때로는 서로 눈 부라리고 다투고
아우성으로 노래로 삿대질로 대들고
그러다 떠밀려 뿔뿔이 흩어도 지지만
그 성난 얼굴들로 그 불 뿜는 눈빛으로
더 찬란히 빛나는 별들이

어찌 서로 그윽히 바라보기만 하랴
산비알의 꽃들이 어찌 다소곳 피어 있기만 하랴
큰 꽃이라 해서 먼저 피고
작은 꽃이라 해서 쫓아 피기만 하랴
빛깔을 뽐내면서 향기를 시새면서
뒤엉켜 싸우고 할퀴고 허비고
같이 쓰러져 분해서 헐떡이다가도
세찬 비바람엔 어깨동무로 부둥켜안고 버텨
들판을 산비알을 붉고 노란 춤으로 덮는
꽃들이 어찌 곱기만 하랴

산동네의 장바닥의 골목의 삶이 어찌 평화스럽기만 하랴
아귀다툼 악다구니가 잘 날이 없고
두발부리 뜸베질이 멎을 날이 없지만
잘난 사람 못난 사람이 큰 사람 작은 사람이 엉켜
제 할일 하고 제 할말 하면서
따질 것은 따지고 밟을 것은 밟으면서

강물이 되고 별이 되고 꽃이 되면서
산동네의 장바닥의 골목의 삶이 어찌 밝기만 하랴

시인의 집
신동엽 시인의 옛집에서

추적추적 비가 내리는데도
마당에 피워놓은
모닥불은 훨훨 탄다
삼십 년 전 신혼살림을 차렸던
깨끗하게 도배된 윗방
벽에는 산 위에서 찍은
시인의 사진
시인의 아내는 옛날로 돌아가
집 앞 둠벙에서
붉은 연꽃을 딴다
추적추적 비가 내리는
옛 백제의 서러운 땅에
그가 남긴 것은 무엇인가
모닥불 옆에서 훨훨 타오르고 있는
몇 개의 굵고 붉은 낱말들이여

새벽 안개

사랑을 배우고
미움을 익혔다
이웃을 만나고 동무를 사귀고
그리고 더 많은 원수와 마주쳤다
헛된 만남 거짓 웃음에 길들여지고
헤어짐에 때로
새 힘이 솟기도 했으나

사랑을 가지고 불을 만드는 대신
미움을 가지고 칼을 세우는 법을
먼저 배웠다
법석대는 장거리에서
저무는 강가에서

이제 새롭게 외로움을 알고
그 외로움으로
노래를 만드는 법을 배운다

그 노래로 칼을 세우는 법을 배우고
그 칼을 가지고
바람을 재우는 법을 배운다
새벽 안개 속에서
다시 강가에서

비바람 속에서

천둥 번개가 울고 비바람이 친다
하늘이 무너앉고 땅이 뒤틀린다
둑이 무너져 강물이 넘치고
사람들은 울부짖으며 떠내려간다

짐짓 나는 내가 비바람이라고 생각한다
천둥 번개가 되어 으르렁대리라 생각한다
그래서 골목과 저잣거리를 내달리며
바람소리 천둥소리를 흉내내지만

그러다가 나는 문득 본다 나뭇잎처럼
힘없이 비바람에 떠밀려가고 있는 나를
울부짖으며 떠내려가는 사람들에 섞여
더욱 애처롭게 허우적대고 있는 나를

천둥이 되어 비바람이 되어 쫓고
번개 아우성이 되어 떠미는 줄 알면서

되려 쫓기고 떠밀리며 흘러가는 강물을
끝없이 흘러가는 우리들의 삶을

길

길을 가다가

눈발치는 산길을 가다가

눈 속에 맺힌 새빨간 열매를 본다

잃어버린 옛 얘기를 듣는다

어릴 적 멀리 날아가버린

노래를 듣는다

길을 가다가

갈대 서걱이는 강길을 가다가

빈 가지에 앉아 우는 하얀 새를 본다

헤어진 옛 친구를 본다

친구와 함께

잊혀진 꿈을 찾는다

길을 가다가

산길을 가다가

산길 강길 들길을 가다가

내 손에 가득 들린 빨간 열매를 본다
내 가슴속에서 퍼덕이는 하얀 새
그 날개 소리를 듣는다

그것들과 어우러진 내
노래 소리를 듣는다
길을 가다가

오월은 내게

오월은 내게 사랑을 알게 했고
달 뜨는 밤의 설레임을 알게 했다
뻐꾹새 소리의 기쁨을 알게 했고
돌아오는 길의 외로움에 익게 했다
다시 오월은 내게 두려움을 가르쳤다
저잣거리를 메운 군화발 소리 총칼 소리에
산도 강도 숨죽여 웅크린 것을 보았고
붉은 피로 물든 보도 위에서
신조차 한숨을 쉬는 것을 보았다
마침내 오월에 나는 증오를 배웠다
불 없는 지하실에 주검처럼 처박혀
일곱 밤 일곱 낮을 이를 가는 법을 배웠다
원수들의 이름 손바닥에 곱새기며
그 이름 위에 칼날을 꽂는 꿈을 익혔다
그리하여 오월에 나는 복수의 기쁨을 알았지만
찌른 만큼 찌르고 밟힐 만큼 밟는 기쁨을 배웠지만
오월은 내게 갈 길을 알게 했다

함께 어깨를 낄 동무들을 알게 했고
소리쳐 부를 노래를 알게 했다

새벽은 아우성 속에서만

새벽은 어둠 속에서 태어난다
길고 오랜 비바람 속에서 태어나고
백날 백밤 온 세상을 뒤덮는
진눈깨비 속에서 태어난다
새벽은 어둠을 몰아내는
싸움 속에서 태어난다
비바람을 야윈 어깨로 막는
안간힘 속에서 태어나고
진눈깨비 맨가슴으로 받는
흐느낌 속에서 태어난다

새벽은 먼저 산길에 와서
굴 속에 잠든 다람쥐를 간지르고
풀잎을 덮고 누운
풀벌레들과 장난질치지만
새벽은 다시 산동네에도 와서
가진 것 날선 도끼밖에 없는

늙고 병든 나무꾼을 깨우고
들일에 지쳐 마룻바닥에 쓰러진
에미 없는 그의 딸을 어루만지지만
새벽은 이제 장거리에 와서
장사 채비에 신바람이 난
주모의 치맛자락에서 춤을 추고
해장국집에 모여 떠들어대는
장꾼들과 동무가 되기도 하지만

새벽은 아우성 속에서만 밝는다
어둠을 영원히 몰아내리라
굳은 다짐 속에서만 밝는다
비바람 진눈깨비 다시 못 오리라
힘껏 낀 어깨동무 속에서만 밝는다
다람쥐도 풀벌레도 산짐승도
늙고 병든 나무꾼도 장꾼도
아직 잠에서 깨지 않은 사람들도

모두 하나로 어깨동무를 하고

크고 높이 외치는

아우성 속에서만 밝는다

추운 날

지난해와 또 지지난해와도 같은 얼굴들
오년 전 십년 전과도 같은 얼굴 같은 목소리
밖에는 모진 바람이 불고
창에 와 얼어붙는 영하 십오도의 추위
언 손들을 마주잡고
수수깡처럼 야윈 어깨들을 얼싸안고
우리는 이기리라 맹세하지만
똑같은 노래 똑같은 아우성으로
외롭지도 두렵지도 않다고 다짐하지만
온몸에 달라붙을 찬바람이 두렵구나
손을 펴본다 달빛에 파랗게 언 손을
다시 주먹을 쥐어본다
마른 나뭇잎처럼 핏기 없는 두 주먹을

가자 새봄엔

가자 이웃들 친구들
큰 파도가 되어
골목길 신작로를 메우며
고개를 넘고 강을 건너서
들길을 지나 다시 철길을 질러

가자 버려진 우리들 마을을 찾아
거룻배 통통대는 배터로
말강구 설치는 시골 장터로
노래를 찾아 잃어버린 우리들
옛얘기를 찾아

가자 형제들 낯모르는 내 형제들
큰 바람이 되어
땀 밴 내 땅 두 발로 밟으며
피 엉킨 논밭 가슴으로 만지며
모든 숨결 큰 바람이 되어

가자 얻어 입은 누더길랑
벗어던지고
얻어 먹은 음식찌끼 시원히 토해내고
휴전선도 짓밟으며
지뢰밭 총칼밭도 파헤치며

가자 친구들 이웃들 형제들
한덩어리 되어
큰 불길이 되어
뜨거운 노래로 눈보라를 녹이며
반백 년 얼어붙은 하늘과 땅을 녹이며

팔월의 기도

내 목소리로
내 노래를 부르게 해주십시오
내 말로
내 얘기를 하게 해주십시오
내 형제를 형제라 부르게 해주시고
내 원수를 원수라 미워하게 해주십시오
온 땅에 깔린
하늘에 바다에 강에 널린 넋들이여
오월의 넋들이여 팔월의 넋들이여
내 꿈은 작고 소박합니다
사십 년 동안 갈라져 있던 형제들 동무들 모여
아흔 낮 아흔 밤을 목놓아 우는 것
이 땅을 짓이기고 뭉개는 구둣발을
갈갈이 갈라놓고 찢어놓는 총칼을
내 노래 내 얘기 폭풍되어
몰아내게 해주십시오
형제를 형제라 부른다 해서

원수를 원수라 미워한다 해서
못매질하고 발길질하고 더러운 발들을
동해바다 한복판에 쓸어넣게 해주십시오

우리가 지나온 길에

불기없는 판자 강의실에서는
교수님의 말씀보다
뒷산 솔바람 소리가 더 잘 들렸다
을지로 사가를 지나는 전차 소리는
얼음이 깨지는 소리처럼 차고
서울에서도 겨울이 가장 빠른 교정에는
낙엽보다 싸락눈이 먼저 와 깔렸다

그래도 우리가 춥고 괴롭지 않았던 것은
서로 몸을 녹이는
더운 체온이 있었기 때문이다
대강당 앞 좁은 뜰에서
도서관 가파른 층계에서
교문을 오르는 돌 박힌 골목에서
부딪히고 감싸고 맞부비는
꿈이 있어서 다툼이 있어서 응어리가 있어서
겨울은 해마다 포곤했고

새해는 잘 트인 큰길처럼 환했다

이제 우리는 우리가 지나온 길에
붉고 빛나는 꽃들이 핀 것을 본다
우리들 꿈과 다툼과 응어리가
부딪히고 감싸고 맞부비는 속에
화려하게 피워놓은 꽃들을 본다

늙은 전공의 노래

이 부르튼 손과 발을
나는 부끄러워하지 않는다.
이 멍든 팔과 다리를
자랑하지도 않는다.
깊은 산골짜기에 외진 섬마을에
환하게 밝혀진 불빛이 말하리니,
공장에서 광산에서 부두에서
힘차게 돌아가는 기계소리가 노래하리니,
이 부르튼 손과 발의 이야기를,
이 멍든 팔과 다리의 노래를.

몰아치는 비바람 속에서
공중에 매달려 전선을 잇던 괴로움을,
영하 이십도의 벌판에서 새로
전주를 세우던 날의 기쁨을,
전쟁으로 폐허가 된 도시에서
부러진 전주 불타 끊어진 전선을

넉걸이하던 아아 그날의 아픔을.
저 불빛 저 기계소리는 노래하는구나,
내 작업화 자욱 찍힌 곳에 새로 피 돌고
내 손길 닿은 곳에 새 힘 솟구친다고.

나는 늙은 전공 내 이마엔 굵은 주름
손등에는 험한 상채기뿐이지만
나는 오늘도 간다, 떠오르는
아침햇살 온몸에 받으며,
불빛이 말해 주는 내 얘기 들으며,
기계소리가 들려주는 내 노래 들으며,
이 땅 방방곡곡에 발자국 더 깊이 찍으리.
불빛과 기계소리 더 높이 울리리,
언 어깨 못박힌 손으로
이 나라 하늘 떠받치리.

우리는 너무 멀리까지 왔다

우리는 너무 멀리까지 왔다
내 것은 버려두고 남의 것을 쫓아
허둥대며 비틀대며 너무 멀리까지 왔다
색다른 향내에 취해 속삭임에 넋나가
이 길이 우리가 주인으로 사는 대신
머슴으로 종으로 사는 길임을 모르고
우리는 너무 멀리까지 왔다
그러는 사이 우리는 소경이 되었다
앞을 가로막은 천길 낭떠러지도
보지 못하는 소경이 되었다
천지를 메운 죽음의 소리도 듣지 못하는
귀머거리가 되었다 바보가 되었다
남의 것을 쫓아 허둥대는 사이
우리 몸은 서서히 쇠사슬로 묶였지만
어떤 데는 굳고 어떤 데는 썩었지만
우리는 그것도 모르는 천치가 되었다
문득 서서 귀를 기울여보면

눈을 떠라 외쳐대는 아우성 그 소리도
듣지 못하는 귀머거리가 되었다
동은 터오는데 새벽 햇살은 빛나는데
그릇된 길잡이한테 휘둘리며
우리는 너무 멀리까지 왔다
이제는 풀잎의 이슬로 눈을 비벼 뜰 때
샘물 한 바가지 퍼마시고
크게 소리내어 울음 울 때
허둥대던 발길 우리 것 찾아 돌릴 때
머슴으로 종으로 사는 길을 버리고
우리가 주인되어 사는 길 찾아들 때
우리는 너무 멀리까지 왔다
이제는 얼뜬 길잡이 밀어 제치고
우리가 앞장서서 나아갈 때

이제 겨우 먼동이 터오는데

이제 겨우 강 하나 건넜는데
모두들 흩어져 가는구나
우리가 바라던 것이 피맺혀 바라던 것이
언덕에 핀 저 몇 송이 들꽃이더냐
자작나무 숲 속의 목 쉰 새소리더냐
풀죽었던 원수들 웃음 되살아나는데
잡았던 손들 놓고 뿔뿔이 헤어지는구나

소매 속에 앙칼지게 감추어 든
저 비수를 왜 보지 못하느냐
이제 겨우 먼동이 터오는데
겼던 어깨 풀고 산산이 흩어지는구나

부러진 팔다리 서로 업고 안고
어렵게 달려온 길을 벌써 잊었느냐
깨어지고 엎어지고 쓰러지면서도
놓지 않았던 손과 어깨 벌써 잊었느냐

삼천리 온 하늘과 땅에 활짝 꽃피는
그날까지 함께 가리 다짐하지 않았더냐
이제 겨우 뿌옇게 앞길이 보이는데
모두들 가는구나 제멋대로 가는구나

아니다 지금은 흩어질 때가 아니다
몇 송이 들꽃의 향기에 취해
갈 길 못 찾고 허둥댈 때가 아니다
원수들 기뻐서 도깨비춤 추일 때가 아니다
다시 모여 손을 잡고 어깨를 끼자
잠시 들떴던 숨 가라앉히고
느슨해진 신발끈 매몰차게 죄어매자
이제 겨우 먼동이 터오는데
이제 겨우 우리들 갈 길 눈앞에 보이는데

나무여, 큰 나무여

이 큰 나무를 키워온 것은
비와 햇빛만이 아니었다.
뿌리는 타고 오르는
맑고 시원한 물줄기만은 아니었다.
뿌리를 몸통을 가지를 이루면서
얽히고 설켜 서로 붙안고 뒹굴면서
때로는 종주먹질 다툼질도 하는
수만 수십만의 숨결 있었으니.
비와 햇빛과 함께 물줄기와 함께
이 큰 나무를 키워온 것은
이 숨결이었다 이 뜨거움이었다.

이 숨결들의 등살에 몸부림에
나무는 자라면서 몸살을 앓기도 하고
아예 여러 날 몸져 눕기도 하고
잔가지를 수없이 잃기도 했으나
이때마다 나무는 새롭게 푸르고

한 뼘씩 한 발씩 더 자랐다.
보라, 숨결들은 굵은 몸통에
불거져 있다, 가지 끝에 우뚝 솟아 있다.
온 나무에서 아름다움으로
잔결의 아름다움으로 피고 있다.

어려서는 발길질에
이웃 도둑들의 욱박질음에
새싹 잘리고 가지 꺾여
앙상하게 뿌리만으로 버티기도 했고
또 전쟁통에는 뿌리째 뽑혀
심한 목마름에 헐떡이기도 했다.
이때마다 숨결들은 더욱 뜨거워지고
이때마다 숨결들은 더욱 단단해졌다.
비와 햇빛을 불러올 사람들이
오히려 그것을 막아 서고
물줄기를 빼돌릴 때도

숨결들은 더욱 올곧고 굳세어졌다.

이 숨결들이 만들어 놓은
그 등살과 몸부림이 만들어 놓은
그 상채기 그 흠집과 함께
나무는 자라고 큰 나무가 되었다.
그리하여 이제 숨결들은
나무를 타고 하늘 끝까지 오르지만
아니다, 이 큰 나무 더욱 크게 하는 것은
하늘만도 땅만도 아니다.
짓궂은 장난질로 나무를 온통 뒤흔들고
때로는 휘청거리게도 하면서
서로 얽히고 설켜 굳게 버티고 섰는
수만 수십만의 숨결이 있으니.
하늘과 땅과 함께
이 큰 나무 더욱 크게 하는
숨결들을 보라, 나무를 타고

하늘 끝까지 오르는 뜨거움을 보라.

새벽 종소리

무진 새해 아침에

종소리는 새벽 종소리는 우리들에게
잊으라고 말하지는 않는다
춥고 지겹던 밤의 군화발소리 채찍소리를
숨으면서 도망치면서 흘린 눈물을
잊으라고 말하지는 않는다
마침내 맞서 떨쳐 일어선
돌팔매질 아우성 속에서 쓰러진
동무들의 죽음을 잊으라고 말하지는 않는다

얼어붙은 우리들의 가슴을
녹이려 하지는 않는다
살갗에 묻은 손발에 묻은
때와 얼룩을 씻어내리려 하지는 않는다
산과 들판과 마을을 덮은
피와 죽음의 노래를 지우려 하지는 않는다

똑똑히 똑똑히 보아두라고 말한다

저들의 얼굴을 몸짓을 눈짓을
원수를 원수로 알아보지 못하게 만들고
친구를 친구로 알아보지 못하게 만드는
저들 속임수와 거짓말을 뻔뻔스런 눈웃음을
똑똑히 똑똑히 보아두라고 말한다

종소리는 새해의 종소리는
우리 앞길이 꽃길이라고 말하지는 않는다
새들의 노래와 짐승들의 춤
한데 어우러져라 말하지는 않는다
갈갈이 흩어졌던 손 갈렸던 발
얼버무려 얼뜨기 춤추라 말하지는 않는다
이 손들 발들 하나되어
어둠을 밀어내고 새벽을 불렀음을
기억하라 기억하라고만 말한다

다시 가시밭길로 나서라고 말한다

온 겨레 한덩어리로 춤출 그날 위해
밟을 것은 밟고 꺾을 것은 꺾으라고 말한다
더 굳게 주먹 쥐고 길 떠나라고 말한다
새벽 종소리는 잊으라고 말하지는 않는다
기억하라 기억하라고만 말한다

새해가 되어도

새해가 되어도 달라지는 게 없다
철문에 떨어지는 조간신문 소리
아침부터 도시락 반찬을 외치며
골목을 누비는 목 쉰 아낙네
세월이 가도 달라지는 게 없다
편지통엔 흙내나는 몇 장의 연하장
북으로 쫓겨간 친구에게 쓴 편지는
먼지 속에 이십 년째 처박혀 있고
나이를 먹어도 달라지는 게 없다
너그러워지는 대신 칼날처럼 좁아져서
내 해묵은 비망록 너덜대는 빈 칸엔
용서하지 못할 자들의 이름 더 늘었다
새햇살 비추는데도 달라지는 게 없다
새해에는 달라지리라는 내 결심
거짓말 되리라 뻔히 알면서 나는 속아
그 속에서 늙고 때묻고 비겁해지는구나
새해가 되어도 달라지는 게 없다

날자, 더 높이 더 멀리
솔개를 위하여

한 번 날 때마다
내 날개엔 상처가 생겼다
얼룩이 지고 주름이 잡혔다
비바람에 찢겨
천둥 번개에 부딪혀
가시에 찔려 불에 데어

때로는 지쳐 모래밭에 쓰러졌지만
더러는 날개 접고 푸섶에 엎드렸지만
밤새워 아픔에 시달리기도 했지만

높푸른 하늘이 쉼없이
귓가에 내려와 꼬여대고
따사로운 햇살이 깃속으로 파고들며
간지를 때
별들이 애틋한 눈짓으로
손짓하며 부를 때

아픈 상처는 굽힐 줄 모르는
뜻으로 타오르고
얼룩은 주름은 힘으로 솟구쳤다
날자
백 번을 찢기고
천 번을 곤두박질치더라도
그리하여 마침내
이렇게 높이 이렇게 멀리
날아올랐다

아니다 이곳은 아직도 낮고 아직도 가까운 곳
날자 더 높이 더 멀리
백두산에서 한라산이 보이기까지
이 땅의 온 땅심이
날개에 시퍼렇게 밸 때까지

날자 더 높이 더 멀리

나를 키워온 들과 산과 강을

끌어안고

비바람과 천둥 번개를

가시를 불을 모두 데불고

내 뜨거운 핏줄로 온 나라를 엮으면서

내 힘찬 노래로 온 고을을 채우면서

날자 더 높이 더 멀리

발문 · 초판 시인의 말

발문

시력(詩歷) 30년
知天命의 詩

柳宗鎬

1

 문학작품이 의미를 갖게 되는 방식의 하나로 우리는 그 작품이 다른 작품과 맺게 되는 관계를 지적할 수 있다. 가령 우리 문학에서 지치는 법 없이 반복적으로 거론되는 李箱의 「오감도」를 예로 들어도 좋을 것이다. 하나의 커다란 의문부호 같은 이 작품이 되풀이 거론되는 사실 속에서 우리는 독자들의 솔직하지 못한 속물주의를 읽어낼 수도 있을 것이다. 그러나 독자의 의표를 찌르는 이 수수께끼가 독자의 호기심에 호소하는 어떤 매력을 가지고 있는 것도 사실이다. 그것은 비밀을 알아차릴 때까지 독자의 궁금증을 자아내는 궁금증의 충동질이다. 풀지 못한 궁금증이 기묘한 불안감 섞인 매력으로 작동하는 것이다. 그런데 이 궁금증은

동시대의 많은 다른 시들이 「오감도」와 같지 않다는 사실에서 나온다. 독자들은 시라는 이름 아래 조직된 말의 모임에서 「오감도」에서와 같은 궁금증의 촉발이나 커다란 의문부호를 전혀 예기하지 않았다. 막연한 기대와 그 기대감의 의표를 찌르는 당돌한 기대의 반전에서 「오감도」의 '시적인 것'이 충전되어 나오는 것이다. 가령 김소월이나 김영랑의 여성적인 섬세한 심정토로를 기대하면서 접근한 독자에게 안겨주는 의외로움에서 「오감도」의 '시'가 발생하는 것이다. 그리하여 그때껏 있어온 단정하며 감정이입에 의하여 쉽게 공감하는 시들을 하나의 '추문'으로 만듦으로써 「오감도」는 시로 버텨갈 수 있다. 따라서 「오감도」 이후 비슷한 기존 시의 추문화를 도모하는 작품들이 별로 성공하지 못하는 것은 이미 그 같은 기대감의 의표 찌르기가 신선한 충격일 수 없기 때문이다.

신경림의 첫 시집 『農舞』가 던져준 신선한 충격도 비슷한 관점에서 파악할 수 있다. 가난하고 힘없는 사람들의 생활의 세목과 생활감정의 무늬를 진솔하고도 경제적으로 처리하여 보여줌으로써 기존의 시들을 부분적으로 추문화시켰던 것이다. 가령 이 시집에 수록된 근작으로 접근해보아도 좋을 것이다.

지금쯤 물거리 한 짐 해놓고
냇가에 앉아 저녁놀을 바라볼 시간……
시골에서 내몰리고 서울에서도 떠밀려
벌판에 버려진 사람들에겐 옛날밖에 없다
지금쯤 아이들 신작로에 몰려
갈갬질치며 고추잠자리 잡을 시간……

아무도 들어주지 않는 목소리로 외쳐대고
아무도 보아주지 않는 몸짓으로 발버둥치다
지친 다리 끄는 오르막에서 바라보면
너덜대는 지붕 위에 갈구렁달이 걸렸구나
시들고 찌든 우리들의 얼굴이 걸렸구나

—「갈구렁달」전문

여기서 우리가 접하게 되는 것은 산업화의 물결에 휩쓸려 궁핍화하는 농촌이나 어촌을 떠났으나 도시에서도 어엿한 터전을 잡지 못한 도시빈민의 생활단면이다. 이렇다 할 생활근거도 막막한 그들은 그나마 옛터전을 그리기도 한다. 그들은 나름대로 생활을 위해 호소도 하고 안간힘을 쓰기도 하나 피곤한 생활의 개선은 이룩되지 않는다. 다만 자연만은 의구하여 옛터전에서 바라보던 갈구렁달이 지붕 위에 걸려 있는데 거기서 생활에 찌든 자신의 모습을 보게 되는 것이다. 30년대의 어떤 작가는 허기진 작중인물이 바라보는 초생달이 허리가 잘룩하여 '사흘 굶은 봄달' 같다고 한 적이 있다. 산동네에 사는 곤궁한 생활인이 바라보는 반달은 시들고 찌든 갈구렁달로 드러나는 것이다.

도시빈민의 관점에서 도시빈민의 나날이 다루어진 이러한 시에서 볼 수 있는 매우 경제적인 감정 처리, 군더더기 없이 간결직절한 서술, 누구에게나 친근한 말씨, 그러면서도 담담한 듯 배어 있는 생활실감으로서의 설움 등은 신경림이 꾸준히 가꿔온 특징이다. 뭣인가 알쏭달쏭한 모호한 요소에 난해한 어휘를 곁들여야 하고 또 세속적인 것을 넘어서는 초속지향이 있어야 한다는 숨은 전제의 작품들이 많은 상황에서 『農舞』의 시편은 독자들의 기대감을 반전시키는 의표 찌르기의 요소를 가지고 있었다. 새로 유행하는 외래어와 도시적 심상이 얽어내는 모더니즘 취향의 시나 추상적인 관념 혹은 생활공간에서 배제되어 있는 심상이 어울린 내면성의 시편들을 醜聞으로 만듦으로써 신선한 충격을 주었던 것이다. 그리고 신경림은 『農舞』 이후 이러한 특징을 지속적으로 가꾸어오고 있다. 그동안 여러 편의 장시를 써냈지만 그 밖의 여느 작품에서 그의 관심이 퇴색하거나 변질한 징후는 전혀 찾아볼 수 없다. 그리고 그동안 보여준 순응주의의 거부나 현실비판의 관점을 수정하는 법도 없다. 그리하여 이 시집에 실려 있는 작품 하나는 이렇게 끝나고 있다.

  모든 것을 다 배우지만
  거짓 웃음을 거짓 몸짓을 배우고
  바위너설에 위태롭게
  붙어 사는 방법을 배우지만
  아무도 말하지 않는다
  이곳이 따뜻한 남쪽나라가 아님을
  우리들 가슴 맞비비고 살
  따뜻할 남쪽나라가 아님을
  우리가 안다고는
                    ―「따뜻한 남쪽나라」 부분

2

  자신의 시적 특징을 지속적으로 가꾸어왔다고 해서 허구한 날 같은 가락만을 노래했다는 뜻은 아니다. 『農舞』 시절에서는 찾아볼 수 없는 민요가락의 채용과 민요의 모태가 되어 있는 구비적 상상력에의 부분적인 의존 등 다양한 시도가 이루어진 바 있다. 또 위에서 비쳤듯이 이야기를 담은 장시의 시도는 가장 야심적인 새 기도이기도 하였다, 다만 큰 뼈대만은 꾸준히 지켜온 것이다. 이번 시집에서 우리는 가령 근자의 정치적 사건을 소재로 삼은 시편을 볼 수가 있다. 흔히 時事的인 것이라고 해서 경원하는 소재이기도 하다.

> 올해 겨울은 춥구나
> 따슷한 겨울이라서 더욱 춥구나
> 무학여고 가까운 소줏집에 앉아
> 광장을 덮은 깃발을 거리를 메운 노래를
> 텔레비전으로 보면서
> 혼자서 술을 마시는 저녁은.
> 아카시아 꽃냄새가 깔리던
> 삼십 년 전의 그 봄보다도 더욱 춥구나.
>
> ―「올해 겨울」부분

지난번의 선거철을 노래한 이 작품에는 짤막한 부기가 달려 있다. 1956년의 5월 3일 해공이 30만 인파를 놓고 한강

백사장에서 선거유세를 벌이던 날 죽산은 무학여고에서 300명을 놓고 얘기를 했다는 삽화를 적은 것이다. 30년의 세월 이편과 저편에서 달라진 것이 뭣이고 여전한 것이 무엇이냐를 독자로 하여금 생각게 한다. 그러나 이 작품의 핵심은 '삼십 년 전'보다 더 춥다는 영탄보다는 잃어버린 역사적 가능성에 대한 자성이다.

 우리는 서로 손톱을 세워
 동무들의 얼굴에 깊은 상처를 내고
 돌아서는 야윈 어깨에 칼을 꽂고
 원수들의 날라리 장단에
 병신춤을 추는구나.

—「올해 겨울」 부분

원망 가득한 이러한 탄식은 정치상황을 위에서 내려다보면서 자조하고 탓하는 국외자의 것이 아니다. 또 정치과정에 대한 통찰을 자임하면서 그 결과를 냉소적으로 예단하는 예측자의 꾸중도 아니다. 역사적 가능성을 간구하고 그 상실의 위험성을 진정 아파하는 말의 참다운 의미에서의 보통사람의 술회이다. 그리고 이 작품의 호소력은 가까이 겪었던 정치적 사건에 대한 보통사람의

회한을 직정언어로 전하고 있다는 점에 있다. 몇 달 동안 꾸준히 신문지상에서 경고되었던 기대좌절의 위험성을 예사로우면서도 결곡한 말씨로 전하고 있다. 백성의 소리는 하늘의 소리라 했는데 그 하늘의 소리가 여기 있다. 「이제 겨우 먼동이 터오는데」나 「새해가 되어도」도 같은 계열의 상황시다. 우리는 거기서 뉴스가 시로 되어 있음을 보게 된다. 이들은 단순한 시사시가 아니다. 역사적 좌절 전후의 상황에 대한 '씨알'의 반응이다. 이 시집에서 발견하게 되는 새 국면이다.

우리는 또 삶에 대한 조용하며 조그마한 명상을 보게 된다. 삶에 대한 혹은 죽음에 대한 명상은 서정시의 탕진될 길 없는 한 원천이기도 하다. 내면성이라는 사사로운 세계의 점진적인 확장을 경험한 근대시의 경우에 더욱 그러했다. 그러나 가난한 생활의 구체나 거기 기초한 생활감정 토로에 중점을 두었던 『農舞』나 『새재』에서 삶에 대한 명상은 중시되지 않았던 게 사실이다. 그런데 이번 시집에서 그것이 보인다. 가령 「강물을 보며」를 그 대표적인 예로 지목할 수 있을 것이다. 강물을 보면 빠른 물살도 있고 느린 물살도 있다. 큰 물줄기도 있고 작은 물줄기도 있다. 바닥으로만 흐르는 물살이 있는가 하면 위로만 흐르는 물살도 있다. 실로 가지가지다. 그리하여 孔子가 "가는 자 저와 같다. 밤낮으로

멈추지 않는다"고 하였던 계제에 신경림은 이렇게 말한다.

  사람이 사는 일도 이와 같으니
  강물을 보면 안다
  온갖 목소리 온갖 이야기 온갖 노래
  온갖 생각 온갖 다툼 온갖 옳고 그름
  우리들의 온갖 삶 온갖 갈등
  모두 끌어안고 바다로 가는
  깊고 넓은 크고 긴 강물을 보면 안다
                              —「강물을 보며」 부분

사람살이의 이모저모를 강을 통해 명상하고 있는 이 시는 원통하고 억울한 삶을 노려보며 주먹을 쥐는 신경림 여타 시편에서와는 전혀 다른 시적 話者의 모습을 보여준다. 명상의 시작과 함께 삶의 복잡성과 현실의 중층성과 인간의 다양성의 감각을 지니게 되는 것이다. 그러면서 쉬지 않는 강물의 동정을 통해서 도도히 흐르는 역사의 모습을 떠올리기도 하는 것이다. 우리는 똑같은 명상을 "사람이 다 크고 잘난 것만이 아니듯/다 외치며 우뚝 서 있는 것이 아니듯/산이라 해서 모두 크고 높은 것은 아니다"라고 적고 있는 「산에 대하여」에서도 발견된다. 다양성과 중층성의 감각으로

이어지는 명상이다.

생각건대 명상에서 寓意性으로 이르는 길은 아주 지척이다. 명상에서 얻은 슬기를 전해주고 싶은 유혹을 물리치기엔 사람들은 너무나 너그럽기 때문일 것이다. 슬기의 독점을 시도할 때 그것은 秘訣이 된다. 쉬운 의사전달의 시를 지향한 시인이 비결로 가는 길을 걸을 수는 없을 것이다. 그리하여 「두물머리」에서 우리는 드러난 寓意의 목소리를 듣게 되는 것이다.

"얼싸안아보자꾸나 어루만져보자꾸나
너는 북에서 나는 남에서
온갖 서러운 일 기막힌 짓 못된 꼴
다 겪으면서 예까지 흘러오지 않았느냐
내 살에 네 피를 섞고
네 뼈에 내 입김 불어넣으면
그 온갖 것 모두 빛이 되리니
춤추자꾸나 아침햇살에 몸 빛내면서"

―「두물머리」 부분

그러나 우의적인 것은 독자들의 저항을 만날 수도 있다. 이솝우화를 재미있게 읽은 사람은 없을 것이다. 「개미와

베짱이」를 읽고 감명을 받았다는 異常기억자도 없을 것이다. 그런데도 이솝우화가 만고의 고전이 되어 있는 것은 어인 까닭인가? 알 수 없는 일이다. 생각건대 그것은 이솝우화를 읽혀야겠다는 자녀 가진 부모나 교육자들의 욕심 때문이 아닐까 한다. 사람들은 또 어린이들까지도 操作의 객체가 되어 있다는 의혹에 민감한 거부를 느끼는 것이 아닌가 한다. 그래서 우리는 「두물머리」 이하의 우의시보다는 「강물을 보며」, 「산에 대하여」에서와 같은 명상을 취택하는 것이리라.

3

『農舞』에 실려 있는 「겨울밤」이나 「제삿날밤」에서 우리가 감복하게 되는 것은 정확한 어휘 구사를 통해서 선명하게 우리의 고향을 떠올리게 하는 시적 묘사였다. 몇 줄로 고향정경을 떠올리게 하는 신묘한 환기였다. 그리고 그것을 보강해 주는 리듬이었다. 신경림의 그러한 寫生능력은 꾸준하여 가령 「시인의 집」 같은 데서 그 본보기를 드러내주고 있다.

추적추적 비가 내리는데도

마당에 피워놓은

모닥불은 훨훨 탄다

삼십 년 전 신혼살림을 차렸던

깨끗하게 도배된 윗방

벽에는 산 위에서 찍은

시인의 사진

시인의 아내는 옛날로 돌아가

집 앞 둠벙에서

붉은 연꽃을 딴다

추적추적 비가 내리는

옛 백제의 서러운 땅에

그가 남긴 것은 무엇인가

모닥불 옆에서 훨훨 타오르고 있는

몇 개의 굵고 붉은 낱말들이여

―「시인의 집」 전문

'신동엽 시인의 옛집에서'라는 부제가 달린 이 작품에 대해서 무슨 말을 첨가한다는 것은 사족에 지나지 않는다. 어려운 말이 들어 있지도 않고 수수께끼의 요소가 들어 있지도 않다. 모든 것이 또렷한 그림엽서에서처럼 선명하고 간명하다. 그러나 선명하고 간명한 그만큼 이 시가 쉽게

씌어지는 것이 아니라는 것을 상기하는 것은 쉬운 일이 아니다. 뿐만 아니라 이 시를 단아하게 완성시켜 주고 있는 것이 "몇 개의 굵고 붉은 낱말들이여"라는 마지막 행에서 절정에 이른 시인에 대한 경애의 정이라는 것을 알아차리기는 더욱 쉬운 일이 아니다. 그냥 범상한 것과 집약적인 단순성 사이에는 커다란 낙차가 있다. 시를 읽는 재미의 반이 거기서 나온다.

이 시집을 통해서 난해한 작품은 가령 「벽화」와 같은 것이다.

그들은 우리 쪽에 서 있지만
함께 분노하고 발구르며 노래하지만
함께 노래하며 돌팔매질하지만

―「벽화」 부분

그렇지만 우리와는 다르다는 것이다. 그다음이 난해한 것이다. 우리와 다르니까 아예 우리 쪽으로 얼씬거리지도 말라는 것인지 또는 2,000년 전의 예수가 젊은 문의자에게 대답했듯이 모든 것을 버리고 알몸으로 따라오라는 뜻인지가 난해한 것이다. 그리고 이때의 '우리'는 누구인가? 그 '우리' 사이에서는 체중에서 머리 색깔에 이르기까지 모든 것이 균

일한 것인가? 그 '우리'들은 시를 쓰는 능력에서부터 돈벌이의 능력에 이르기까지 완전히 균일한 것인가? 차이가 있다면 그 '우리'도 벌써 '우리'이기를 그치는 것이 아닌가? 이러한 물음에 대한 답변이 난해한 것이다. 그러한 뜻에서 「벽화」는 해설이 필요한 작품일지도 모른다.

앞에서 우리는 한 작품이 다른 기존 작품과의 관계 속에서 갖게 되는 시적 의미를 얘기한 바 있다. 그리고 독자의 기대와 작품이 촉발하는 기대의 반전 사이의 긴장 속에서 '시'가 충전된다는 사실을 지적하였다. 시적 요속 그런 긴장에 배타적으로 의존하고 있는 것은 아니다. 그러나 그것이 '시'의 주요한 원천의 하나가 되어 있다고는 말할 수 있다.『農舞』,『새재』,『쇠무지벌』,『달넘새』이후 꾸준히 자신의 길을 걸어온 신경림은 이제 기존의 자기 작품과의 연관 속에서 새로운 시의 충전을 기약해야 할 지점에 와 있다고 생각한다. 이번 시집은 그러한 의미에서 신경림 시의 한 결산이 되는 셈이다.

신경림의 시는 그가 아니었다면 간결하면서도 절절한 목소리를 찾지 못했을 많은 사람들의 설움과 노여움과 정한에 목청을 틔워주었다. 그것은 우리 현대시에서 가장 진실하고도 호소적인 목청의 하나였다. 그리하여 힘없고 가난하고 외로운 사람들은 그 목소리가 제 목소리임을 확인하게 되는 것이다. 이때 얻어진 맺힘성 있는 단순성은

일종의 고귀한 단순성이다. 시력 30년에 이르는 그는 아직도 민요를 찾아다니면서 그 가락에 자기 목소리를 어울리려는 모색을 계속하고 있다. 知天命의 그가 아직도 동안을 유지하고 있는 비밀이 여기 있는지도 모른다. 그는 장시보다 단시를 좋아하는 편인데 단시에서도 얘기가 있는 상황을 골라내는 경우가 많다.「월악산의 살구꽃」이나「진도 아리랑」의 경우에서도 그것을 엿볼 수 있다. 敍事적 충동을 간직한 이러한 단시가 장시를 낳게 하는 장본인인 셈이다.

신경림이 시에서 삶의 본원적인 수수께끼를 건드리는 경우는 드물다. 이제 知天命의 연치를 헤아릴 때 우리가 이 세상에 나와서 소매를 스쳤다는 불가사의한 사단이 무엇을 의미하는지를 골똘히 생각해보는 것도 뜻있는 일이 아닌가 생각한다. 그리고 거기서 이왕에 없었던 노래를 엮어내는 것은 더욱 뜻있는 일이 아닌가 생각한다.「명매기 집」에서 소외의 슬픔과 노여움을 찾는 일이 중요하지 않다는 것은 아니다. 다 중요하다. 그러나 그 중요함은 다음과 같은 소곡의 의미를 탕감시켜 주지는 않을 것이다.

호숫가 나무들 사이에 조그만 집 한 채
그 지붕에서 연기가 피어 오른다
이 연기가 없다면

집과 나무들과 호수가
얼마나 적막할 것인가.

 누가 썼는가 하는 것은 아무래도 좋다. 누가 연기를 올리는가를 알면 족한 것이다.

초판 시인의 말

  시골이나 바다를 다녀보면 모든 사람들이 참으로 열심히 산다. 나는 내 시가 이들의 삶을 위해서 조금이라도 도움이 되었으면 하고 생각을 한다. 적어도 내 시가 그들의 생각이나 정서를 담아내지 않으면 안 된다는 생각을 한다.
  이 길로 들어선 지 30년이 되었으니 길도 터득이 되었으련만 시는 내게 여전히 어렵기만 하다.

1988년 4월

신경림